Anselm Grün

Das Sakrament der Firmung

Vier-Türme-Verlag

Anselm Grün

Das Sakrament der Firmung

Vier-Türme-Verlag

Impressum

1. Auflage 2008
Überarbeitete Neuausgabe des Titels »Die Firmung – Verantwortung und Kraft«
© Vier-Türme GmbH, Verlag, Münsterschwarzach 2008
Alle Rechte vorbehalten

Gestaltung: Elisabeth Petersen, München
Umschlagmotiv: Matthias E. Gahr, Schwarzach am Main
Satz: Valentin Schreiber, Kitzingen
Gesamtherstellung: Friedrich Pustet KG, Regensburg
ISBN 978-3-89680-376-4

www.vier-tuerme-verlag.de

INHALT

III. Die Gestaltung der Firmung und die Bedeutung der Riten

47

IV. Aus der Firmung leben

EINLEITUNG

Wohl kein Sakrament hinterlässt bei den Gläubigen heute so viel Unsicherheit und Unbehagen wie das der Firmung. Viele Pfarreien machen die Erfahrung, dass die Jugendlichen nur noch schwer zu motivieren sind, sich das Sakrament der Firmung spenden zu lassen. Die Jungen und Mädchen stellen die Frage, was ihnen denn das Sakrament bringe. Bei der Erstkommunion haben sie noch eine Ahnung, was das bedeuten könnte. Aber bei der Firmung können sie sich nichts mehr vorstellen. Viele Firmgruppenmütter oder -väter tun sich schwer, den Jugendlichen zu erklären, was mit der Firmung eigentlich gemeint sei.

Seit Jahren wird in den Pfarreien über das geeignete Firmalter diskutiert. Und je nachdem, welche Haltung die Gemeinden bzw. die Pastoraltheologen einnehmen, wird da jeweils ein verschiedenes Verständnis von Firmung sichtbar. Die einen sehen die Firmung als Vollendung der Taufe. Nach ihnen könnte man die Firmung sogar noch vor der Erstkommunion spenden, wie es lange üblich war. Für die ande-

ren ist Firmung das »Schwellen-Sakrament zwischen Kindheit und Erwachsenen-Alter« oder das »Sakrament der Mündigkeit«, Sakrament der christlichen Entfaltung, der Verantwortung, der Eingliederung in die Kirche, der Sendung in die Welt. Wenn die Firmung als Initiationsritus in das Erwachsenwerden verstanden wird, dann bietet sich ein Firmalter von 14 bis 18 Jahren an. Eine Tagung im März 2000 von Seelsorgern und Seelsorgerinnen ergab, wie unterschiedlich nach wie vor auf die Firmung vorbereitet wird und wie verschieden das Firmalter gesehen wird. Die Verantwortlichen in den Pfarrgemeinden entwickeln viel Phantasie und Kreativität, um die Jugendlichen für die Firmung zu motivieren und ihnen das Geheimnis dieses Sakraments schmackhaft zu machen. Da lädt der Pastoralreferent die Jungen und Mädchen zu einem einstündigen Gespräch über den Glauben ein. Da werden Erlebniscamps durchgeführt. Dabei wurde deutlich, dass es kein Patentrezept gibt, sondern dass es immer auf die Überzeugungskraft derer ankommt, die die Jugendlichen bei der Vorbereitung zu diesem Sakrament begleiten. (Vgl. Christ in der Gegenwart vom 19.3.2000, S. 94)

Mein Anliegen in diesem Buch ist es nicht, für ein bestimmtes Vorbereitungsmodell auf die Firmung zu werben. Ich möchte vielmehr die Eltern der Firmlinge ansprechen und

sie einladen, sich über die Firmung Gedanken zu machen, sich zu fragen, was dieses Sakrament für sie heute bedeutet, ob sie daraus leben könnten. Und ich möchte sie ermutigen, mit ihren Kindern darüber ins Gespräch zu kommen. Gedacht ist auch an Männer und Frauen, die Jugendliche auf dem Weg zur Firmung begleiten, an alle, die in der Jugendarbeit engagiert sind, an Seelsorger und Seelsorgerinnen, die Firmkurse leiten und gemeinsam mit den Jugendlichen die Gestaltung der Firmung vorbereiten. Sie sollen Anregungen bekommen, die Riten der Firmung so zu vollziehen, dass der Sinn des Sakraments deutlich wird und die Menschen in ihren Herzen berührt werden.

Wohl jeder Christ ist gefirmt. Aber nur wenige reflektieren, was es für sie heißt, gefirmt zu sein. Wie kann ich heute aus dem Sakrament meiner Firmung leben? Sagt mir das Sakrament etwas oder könnte ich auch genauso gut ohne es als Christ leben? Wenn Firmung das Sakrament der Sendung ist, was ist dann heute meine Sendung? Habe ich eine Sendung? Oder genügt es für mich, mich als Christ an die Gebote Gottes zu halten? Was macht das Besondere der Firmung aus? In diesem Buch möchte ich darüber nachdenken, wie wir aus der Firmung leben können, ob sie für uns eine Wirklichkeit sein kann, die unser Leben prägt.

I. FIRMUNG ALS INITIATION

Einführen in die Kunst des Lebens

Die Firmung ist das Sakrament der Initiation. In allen Kulturen gibt es solche Initiationsriten. Die meisten Völker haben diese Riten an den Beginn des Erwachsenwerdens gestellt. Die Pubertätsinitiation beinhaltet eine Reihe von dramatischen Prüfungen, denen sich die Jugendlichen unterziehen müssen. Sie werden von der Mutter getrennt, in den Busch geführt, dort isoliert. Bei manchen australischen Stämmen wird dem Jungen ein Zahn ausgeschlagen als Zeichen dafür, dass er als Kind stirbt, um als Erwachsener wieder aufzuerstehen. Manchmal werden die Jugendlichen ganz mit Lehm beschmiert, um sie gespensterähnlich erscheinen zu lassen. In einigen Völkern werden die Jungen beschnitten und es wird ihnen Blut abgenommen. Sie werden in Buschhütten gesteckt und müssen dort fastend einige Tage verbringen. Diese Buschhütten verstand man als Drachen, der die Jugendlichen verschlingt, damit sie durch den Tod zur Auferstehung gelangen. Manche sehen die Isolierung in den Buschhütten auch als Rückkehr in den Mutterschoß, um neu geboren zu werden.

Als ein junger Berliner, der gefirmt werden sollte, mein Manuskript zur Firmung las, interessierte er sich vor allem für diese Initiationsriten. Und er wollte genauer wissen, wie das mit dem Backenstreich war, der früher in der Firmung gegeben wurde. Er meinte, die Firmung sei langweilig. Da geschehe ja nichts Aufregendes. Offensichtlich hatte er ein Gespür dafür, dass Firmung eine ähnliche Aufgabe habe wie die oft sehr herausfordernden und schmerzlichen Initiationsrituale. Der Backenstreich erinnert an diese Initiationsriten. Ildefons Herwegen leitet diesen Ritus vom germanischen Rechtsbrauch ab. Bei den Germanen war es üblich, bei einem Rechtsakt, wie der Versetzung eines Grenzsteins, Jugendliche mitzunehmen und sie dort zu verprügeln. Dieses Verprügeltwerden hatte den Sinn, dass die Jugendlichen sich auch später an den Ort erinnern konnten, an dem der Grenzstein versetzt worden war. Ähnlich sollte die Ohrfeige dem Firmling helfen, sich daran zu erinnern, dass ihm der Heilige Geist gegeben wurde, um die Bedeutung des Heiligen Geistes zu erfassen. Da der Geist Gottes so unfassbar ist, brauchte es dazu etwas Eindrücklicheres als Worte, eine körperliche Erfahrung. So begründet der mittelalterliche Theologe Durandus von Mende († 1296) den Backenstreich damit, dass »sich der Firmling um so eindringlicher die Erinnerung einpräge, dass er das Sakrament empfangen habe« (Schnitzler 103). Diese Symbolik ist auch noch in einen anderen Firmritus eingeflossen. Der Pate sollte nach dem alten Ritus dem Firmling auf den Fuß treten. Offensichtlich sollte die schmerzliche Erinnerung an diesen »Fußtritt« das Gespür dafür wachhalten, dass man das Sakrament der Firmung empfangen habe und dass da noch ein anderer Geist in einem sei als das alltägliche Einerlei. Diese alten Firmriten, die noch an die Initiationsriten der Völker erinnern, wussten, dass es schmerzlich ist, den Weg der Menschwerdung zu gehen, und dass es weh tut, die Spannung zwischen dem Heiligen Geist und meinem Geist auszuhalten.

Die Frage ist, wie wir die Firmung und die Vorbereitung auf dieses Sakrament heute als Initiation in das Erwachsenwerden gestalten können. Es wäre sinnlos, einfach den alten Ritus des Backenstreiches, der nach dem Zweiten Vatikanischen Konzil abgeschafft wurde, wieder einzuführen. Denn der wäre nur ein unverstandenes Relikt aus alter Zeit. Aber diese beiden Riten zeigen, dass wir nicht zu vorsichtig und ängstlich mit den jungen Leuten umgehen sollten. Wir dürfen sie durchaus herausfordern. Jugendliche wollen gefordert sein. Das habe ich während meiner 25 Jahre in der Jugendarbeit immer wieder erfahren. Wenn wir bei den Kursen den Jugendlichen zugemutet und zugetraut haben, früh um 5.15 Uhr

aufzustehen, dann sind sie auch aufgestanden und fanden das durchaus interessant. Die Idee mit dem Erlebniscamp im Gebirge ist also sicher nicht so schlecht als Vorbereitung auf die Firmung. Konstantin Wecker beklagte in einem Radio-Interview, dass die jungen Leute heute keine Initiationsriten hätten. Deshalb würden viele Hasch als Initiationsmittel nehmen. Andere würden mit dem Auto ihres Vaters mit 180 Stundenkilometern über die Straßen rasen. Das sind Ersatzrituale, weil wir den Jugendlichen keine angemessenen Initiationsrituale anbieten. Das Interesse gerade dieser Altersgruppe an okkulten Praktiken weist auf das Defizit an echten Initiationspraktiken hin. Die Kirche müsste sich neu Gedanken machen, wie sie auf dieses Defizit angemessen antworten könnte.

Soziologen sprechen heute von einer »Erlebnisgesellschaft« (G. Schulze). »Erlebe dein Leben!« ist die Maxime vieler

Jugendlicher (vgl. Biemer 201f). Die Firmung sollte von der Kirche als Chance begriffen werden, die Jugendlichen in die Kunst des Lebens einzuführen, in die Kunst, wirklich intensiv zu leben, anstatt immer neue Kicks zu brauchen, um sich überhaupt noch zu fühlen. Aber diese Hinführung zum Leben müsste über tiefe »Erlebnisse« gehen und nicht über allzu vorsichtiges Sprechen über das Leben.

Es gibt bereits viele Versuche, die Firmlinge in der Vorbereitungszeit in die Kunst des Lebens einzuführen. Da sind die gemeinsamen Firmlager. Wichtig wäre aber hier, dass die Jugendlichen auch gefordert werden. Das könnte das frühe Auf-

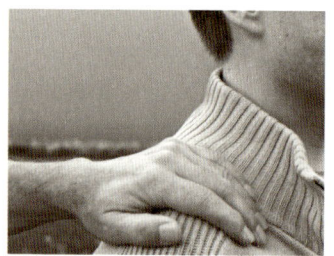

stehen sein oder die Einführung in die Meditation. Es ist für Jugendliche nicht leicht, einfach nur still dazusitzen und sich selbst auszuhalten. Doch es gehört zum Erwachsenwerden, sich im Schweigen und im Alleinsein selbst kennen zu lernen und zu akzeptieren. Eine Übung dazu, die bei den Jugendlichen sicher einen großen Eindruck hinterlässt, wäre ein Wüstentag, den man beim Firmlager einlegt. Das wäre ein Tag, an dem jeder allein auf sich gestellt ist, sich selbst ernähren muss von dem, was er in der Natur vorfindet, an dem man mit keinem sprechen darf, sondern allein seinen Weg geht und immer wieder Ruhephasen einlegt, in denen man einfach nur da ist

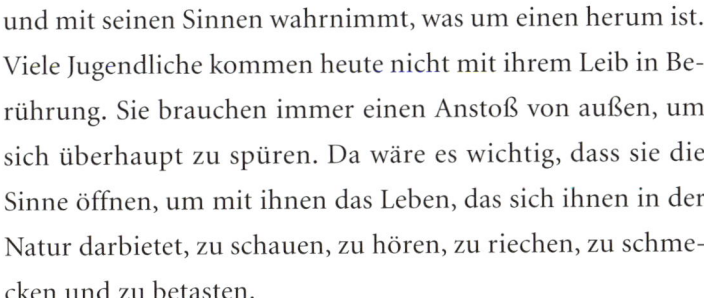

und mit seinen Sinnen wahrnimmt, was um einen herum ist. Viele Jugendliche kommen heute nicht mit ihrem Leib in Berührung. Sie brauchen immer einen Anstoß von außen, um sich überhaupt zu spüren. Da wäre es wichtig, dass sie die Sinne öffnen, um mit ihnen das Leben, das sich ihnen in der Natur darbietet, zu schauen, zu hören, zu riechen, zu schmecken und zu betasten.

In unserer Abtei machen wir gute Erfahrungen damit, dass Firmgruppen für einige Tage ins Kloster kommen. Wenn sie dort aus Neugier den Rhythmus der Mönche mitmachen, ist das eine große Herausforderung für die Jugendlichen. Aber viele lassen sich auf diese Herausforderung gerne ein. Sie stehen dann wirklich um 4.40 Uhr auf, um beim Frühchor dabei zu sein. Sie erleben, dass da Männer bewusster ihr Christsein zu leben versuchen. Das fordert ihre oft oberflächlichen Erfahrungen von Christsein heraus und lockt in ihnen Fragen hervor, wie man denn so leben könne, was der Sinn des Lebens sei, was einen wirklich glücklich machen könne. Orte mit einer geistlichen Tradition haben in sich die Kraft, eine Firmgruppe in ihrer spirituellen Suche zu befruchten.

Eine andere Herausforderung wäre, sich über die eigene Identität klar zu werden: Wer bin ich? Bin ich nur der Sohn oder die Tochter dieser Eltern? Was ist meine wahre Identität?

Was ist das einmalige Bild Gottes, das sich in mir verwirklichen will? Was fühle ich? Was denke ich, wenn ich mich nicht nach den anderen richte? Was ist mein Lebenstraum? Was möchte ich mit meinem Leben ausdrücken, was möchte ich in dieser Welt bewegen? Und es wäre wichtig, die Gefühle wahrzunehmen, die in uns auftauchen, wenn wir alleine sind. Wie gehe ich mit meiner Einsamkeit um? Bin ich nur jemand, wenn andere um mich herum sind, wenn andere mich bestätigen? Kann ich zu mir stehen, für mich einstehen? Wie steht es um mein Selbstvertrauen?

Man könnte das Zu-sich-Stehen auch mit dem Leib einüben. Ich habe mit jungen Menschen oft folgende Übung gemacht: Wir stehen, die Füße etwa in Hüftbreite auseinander, die Arme hängen locker herunter. Wir stehen aufrecht. Ich sage dazu Worte wie: »Ich habe einen Standpunkt. Ich habe Stehvermögen. Ich kann etwas durchstehen. Ich kann für mich einstehen. Ich stehe zu mir.« Die Jugendlichen spüren nach, ob sie diese Sätze in dieser Haltung nachempfinden können. Dann stehen wir bewusst eng und mit hochgezogenen Schultern. Die Jugendlichen erkennen sofort, dass man so nicht zu sich stehen kann. Und dann stehen wir bewusst breitbeinig, wie es oft in Westernfilmen dargestellt ist. In dieser Haltung übertreiben wir, wollen wir uns beweisen. Aber wir können leicht umfallen.

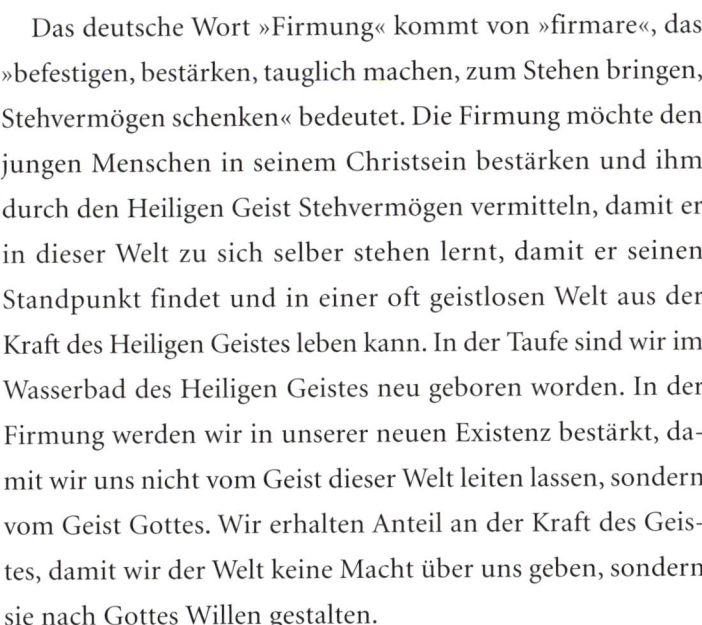

Das deutsche Wort »Firmung« kommt von »firmare«, das »befestigen, bestärken, tauglich machen, zum Stehen bringen, Stehvermögen schenken« bedeutet. Die Firmung möchte den jungen Menschen in seinem Christsein bestärken und ihm durch den Heiligen Geist Stehvermögen vermitteln, damit er in dieser Welt zu sich selber stehen lernt, damit er seinen Standpunkt findet und in einer oft geistlosen Welt aus der Kraft des Heiligen Geistes leben kann. In der Taufe sind wir im Wasserbad des Heiligen Geistes neu geboren worden. In der Firmung werden wir in unserer neuen Existenz bestärkt, damit wir uns nicht vom Geist dieser Welt leiten lassen, sondern vom Geist Gottes. Wir erhalten Anteil an der Kraft des Geistes, damit wir der Welt keine Macht über uns geben, sondern sie nach Gottes Willen gestalten.

Verantwortung übernehmen

Die Firmung kann als Sakrament der Verwandlung des Jugendlichen zum Erwachsenen verstanden werden. Der junge Mensch soll sich nicht mehr allein als Kind seiner Eltern verstehen. Durch die Neugeburt aus dem Heiligen Geist soll er seine eigene Identität finden und für sich und sein Leben Verantwortung übernehmen. Es ist heute modern, die Verantwortung für sein Leben zu verweigern. Man schiebt den Eltern die Schuld zu, dass man zu wenig Selbstvertrauen mitbekommen hat, dass man zu wenig begabt ist, dass man sein Leben nicht in den Griff bekommt.

Pascal Bruckner, ein französischer Philosoph, hat als die zwei herausragenden Haltungen unserer Zeit die Infantilisierung und die Victimisierung beschrieben. Viele bleiben in der Haltung des Kindes stecken, das nur Erwartungen an die anderen hat, an die Mutter, an die Gesellschaft, an die Kirche. Man bleibt infantil, möchte immer wie ein Kind versorgt werden, man übernimmt keine Verantwortung für andere. Alle haben sich nur um einen selbst zu kümmern. Diese Haltung ist gepaart mit der Victimisierung. »Victima« bedeutet

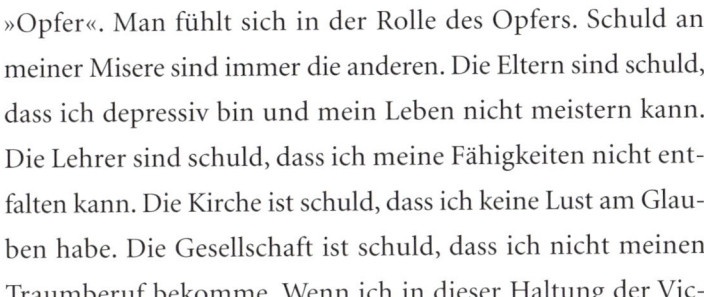

»Opfer«. Man fühlt sich in der Rolle des Opfers. Schuld an
meiner Misere sind immer die anderen. Die Eltern sind schuld,
dass ich depressiv bin und mein Leben nicht meistern kann.
Die Lehrer sind schuld, dass ich meine Fähigkeiten nicht entfalten kann. Die Kirche ist schuld, dass ich keine Lust am Glauben habe. Die Gesellschaft ist schuld, dass ich nicht meinen
Traumberuf bekomme. Wenn ich in dieser Haltung der Victimisierung stecken bleibe, weigere ich mich, die
Verantwortung für mein Leben zu übernehmen.
Weil heute viele nicht einmal die Verantwortung
für sich selbst übernehmen, sind sie auch nicht
bereit, in der Kirche oder Gesellschaft die Verantwortung für andere zu übernehmen.

    Zum Erwachsenwerden aber gehört es, dass ich mein Leben
selbst verantworte. Es ist nicht entscheidend, wie ich geworden bin, was ich bin, welche Einflüsse die Eltern und Lehrer
auf meine Erziehung hatten, sondern was ich daraus mache.
Ich muss akzeptieren, dass ich so geworden bin, und dann die
Verantwortung für mein Leben übernehmen. Sonst bleibe ich
immer auf der Anklagebank sitzen und zeige auf die Fehler
der anderen. Oder aber ich verharre in der Rolle des Zu-
schauers, der nur zuschaut, wie das Leben vor ihm abläuft,
ohne selbst einzugreifen. So wäre es in der Vorbereitung auf

die Firmung wichtig, in verschiedenen Bereichen Verantwortung einzuüben.

Die erste Verantwortung ist die für mich selbst. Ich bin verantwortlich für meine persönliche Entwicklung, für mein Aussehen, für meine innere Stimmung. Ich bin dafür verantwortlich, wie es mir innerlich geht, ob ich mich für das Unglücklichsein entscheide oder für das Leben. Ich bin verantwortlich für die Gedanken, mit denen ich mich beschäftige, für die Ordnung in meinem Zimmer und für das sinnvolle Ausnützen meiner Zeit.

Als meine Nichten und mein Neffe gefirmt wurden, sprach meine Schwester mit ihnen darüber, was die Verantwortung, die sie in der Firmung einüben, nun für das Miteinander in der Familie bedeuten könnte. Sie übergab den Kindern am Tag der Firmung den Hausschlüssel und jeder bekam von diesem Tag an die Verantwortung für einen Bereich im Haushalt. So spürten die Kinder, dass sich mit der Firmung auch ihre Rolle daheim veränderte. Es hat wenig Sinn, wenn die Firmlinge in der Gemeinde in das Erwachsenwerden eingeführt werden, daheim aber noch die alten Rollen weiterspielen müssen. So wäre es gut, wenn die Eltern die Firmung zum Anlass nähmen, mit ihren Söhnen und Töchtern über ihre Verantwortung für das Miteinander in der Familie zu sprechen und darüber, was jeder unter Erwachsensein und Mündigkeit versteht.

Auch in der Firmgruppe können die Jugendlichen Verantwortung einüben. Da könnte jeder für einen Bereich verantwortlich sein. Darüber hinaus sollten die Jugendlichen lernen, füreinander Verantwortung zu übernehmen. Das kann in der Firmgruppe wie in der Schulklasse sein. Wo sind da Schwächere, die Hilfe brauchen? Gibt es Außenseiter, die von allen gehänselt werden? Gibt es Ausländer in der Klasse, die nicht integriert sind? Dann könnte sich jeder, der sich auf die Firmung vorbereitet, für einen Schüler oder eine Schülerin einsetzen.

Begabung mit neuen Fähigkeiten

Zur Neugeburt aus dem Heiligen Geist gehört die Entwicklung neuer moralischer und spiritueller Fähigkeiten. Im Lukas- evangelium wird immer wieder berichtet, wie Jesus in der Kraft (dynamis) des Heiligen Geistes seinen Weg geht und seine Sen- dung erfüllt. Lukas versteht die Taufe als Begabung Jesu mit dem Heiligen Geist. Vom Geist erfüllt geht Jesus in die Wüste, wo er vom Teufel versucht wird. Dort erlebt er seine Initiation in das Amt des Messias. Nach der Versuchung heißt es:

> *»Jesus kehrte, erfüllt von der Kraft des Geistes, nach Galiläa zurück.« (Lk 4,14)*

In der Synagoge von Nazaret liest er dann die Stelle aus dem Propheten Jesaja:

> *»Der Geist des Herrn ruht auf mir; denn der Herr hat mich gesalbt. Er hat mich gesandt, damit ich den Armen eine gute Nachricht bringe; damit ich den Gefangenen die Entlassung verkünde und den Blinden das Augenlicht; damit ich die Zer-*

schlagenen in Freiheit setze und ein Gnadenjahr des Herrn

ausrufe.« (Lk 4,18f)

Im Sakrament der Firmung empfängt der junge Mensch den Heiligen Geist, damit er nun seine Sendung in der Welt und in der Kirche erfülle. Der Geist befähigt den Firmling, ein neues Verhalten einzuüben und neue Fähigkeiten zu entfalten. Daher gehört zur Vorbereitung auf die Firmung auch die Herausforderung, dass die jungen Menschen selbstständig Ideen entwickeln, was sie in ihrem Leben anpacken und wo sie ihr Leben selbst in die Hand nehmen könnten. Die jungen Menschen sollten ihr eigenes Charisma entdecken: Was kann ich? Was liegt mir? Wozu fühle ich mich berufen? Was ist meine Sendung? Die Firmung will den Blick des Jugendlichen von der Erfüllung seiner eigenen Bedürfnisse weglenken, damit er nicht immer fragt: »Was bringt es mir?« Er sollte vielmehr fragen: »Was kann ich bringen? Wozu bin ich gesandt? Welcher Auftrag wartet auf mich?« Diese Änderung der Blickrichtung tut den jungen Menschen gut. Sie befreit sie von dem ständigen Kreisen um sich selbst und fordert sie heraus, ihre Kräfte zu entfalten und für diese eine Aufgabe einzusetzen, die sie fasziniert.

Zur Firmung als Bestärkung des christlichen Lebens gehört auch die Einübung in eine gesunde Askese. Das fängt damit an,

»Und es erschienen ihnen Zungen wie von Feuer, die sich verteilten; auf jeden von ihnen ließ sich eine nieder. Alle wurden mit dem Heiligen Geist erfüllt und begannen, in fremden Sprachen zu reden, wie es der Geist ihnen eingab.«
(Apg 2,3–4)

dass die jungen Menschen ihren Tag sinnvoll einteilen, dass sie ihr Zimmer richtig aufräumen und selbst gestalten. Und dazu gehört das Nachdenken, wie sie in ihrem Verhalten bisher nur alte Muster befolgen, die sie von den Eltern übernommen haben. Wo kopieren sie nur die Eltern oder ihre Idole und wo denken und handeln sie selbstständig? Was ist ihre persönliche Spur, die sie in diese Welt eingraben möchten? Was ist für sie stimmig? Askese heißt Einübung in die innere Freiheit. Wo bin ich abhängig vom Konsum, von der Meinung der anderen, von der Bestätigung anderer? Wo kann ich nein sagen? Kann ich verzichten oder muss ich jedes Bedürfnis sofort stillen? Wer nicht verzichten kann, der wird nie ein starkes Ich entfalten können.

Der Geist gibt uns neue Fähigkeiten, damit wir sie einsetzen zum Wohl der Menschen. Jesus versteht seine Salbung durch den Geist des Herrn als Auftrag und Sendung für die Welt. Jeder Mensch hat eine Sendung. Jeder kann in dieser Welt etwas bewirken, was nur durch ihn bewirkt werden kann. Was meine Sendung ist, kann ich erkennen, wenn ich meine Stärken und Schwächen anschaue. Was kann ich gut? Worauf habe ich Lust? Etwas zu gestalten, zu verändern, zu bewegen? Anstatt zu jammern, dass die Welt so schwierig ist, wäre es gut, den jungen Menschen das Gefühl zu geben, dass sie nicht nur ihr eigenes Leben in die Hand nehmen sollen, sondern auch die Probleme ihrer Mitwelt anpacken können. Sie können einen Beitrag leisten, dass die Welt um sie herum menschlicher und wohnlicher wird.

Was könnte die Firmgruppe tun, damit ein Stück Umwelt in der Gemeinde natürlicher und menschenfreundlicher wird? Welches Projekt könnten sie gemeinsam anpacken? In der einen Gemeinde könnten es Projekte des Umweltschutzes sein, in der anderen die Gottesdienstgestaltung, in wieder einer anderen die Betreuung von Asylanten, Ausländerfamilien, von Obdachlosen oder Strafentlassenen. Wie die Verantwortung der Firmlinge in der Gemeinde aussehen kann, hängt von der sozialen Struktur der Gemeinde ab. In der einen Gemeinde sind es eher die Alten und Kranken, die vernachlässigt werden, in einer anderen eher Aussiedler. Für die einen wäre Hausaufgabenbetreuung ein geeignetes Feld, für die anderen konkrete Hilfe beim Einkaufen oder Wohnungsputz. Allerdings bräuchten die Jungen und Mädchen dabei die Unterstützung von Erwachsenen, um sich mit ihren Projekten nicht zu übernehmen und nicht gleich bei der ersten Schwierigkeit wieder aufzugeben.

Aber genauso wichtig ist es auch, dass jeder seinen eigenen Lebenstraum träumt. In Südamerika habe ich erlebt, wie die

Jugendlichen optimistisch in die Zukunft schauen. Obwohl die äußeren Verhältnisse dort trostloser sind als hier in Europa, haben die jungen Menschen doch den Eindruck, dass es sich lohnt zu leben, dass sie dazu beitragen können, dass die Welt menschenfreundlicher wird. Hier ist oft Resignation zu spüren: »Es hat ja alles keinen Zweck. Die Welt ist in der Hand der großen Firmenkonglomerate oder einiger einflussreicher Gruppen.« Es ist wichtig zu wissen, dass ich darauf vertrauen kann, dass durch mich etwas in diese Welt gekommen ist, das einmalig ist, und dass durch mich eine Spur in den Kosmos und in die Gesellschaft eingegraben werden kann, die das Aussehen dieser Welt bleibend verändert. Natürlich wird es nur eine kleine Spur sein. Aber wenn ich anfange, anders zu denken und zu handeln, wird das Auswirkungen haben. Wenn ich einmal einen Gedanken ausgesprochen habe, wird er Wellen schlagen. Ich bin nicht einfach nur in diese Welt hineingeboren, ich bin auch in sie hineingesandt. Ich habe einen Auftrag, eine Sendung. Das Bewusstsein für die Sendung jedes Einzelnen zu schärfen, wäre Aufgabe der Firmvorbereitung.

II. DIE PFINGSTGESCHICHTE BEI JOHANNES UND LUKAS

Die Pfingstgeschichte bei Johannes und Lukas

In der Firmung empfängt der Firmling die Gabe des Heiligen Geistes. Viele können sich unter dem Heiligen Geist nicht viel vorstellen. Manche verbinden mit dem Heiligen Geist das Bild der Taube. Aber das spricht sie kaum an. Mit Jesus können sie etwas verbinden. Aber der Heilige Geist ist ihnen zu abstrakt. Man kann ja auch zum Heiligen Geist keine persönliche Beziehung aufbauen wie zu Jesus oder zu Gottvater. Und doch kann man den Heiligen Geist erfahren als die Kraft, die einen antreibt, als die Liebe, die einen erfüllt. Wie sollen wir den Heiligen Geist verstehen? Am besten fragen wir die Evangelien, wie sie den Heiligen Geist sehen. Dabei möchte ich mich auf das Johannes- und Lukasevangelium beschränken.

Der Heilige Geist im Johannesevangelium

Johannes versteht unter dem Heiligen Geist den persönlichen Geist Jesu, den er uns mitteilt. Am Osterabend haucht Jesus seine Jünger an und spricht zu ihnen:

»Empfangt den Heiligen Geist!« (Joh 20,22)

Wenn sich ein Kind verletzt, bläst die Mutter über die Wunde und sagt: »Es wird alles wieder gut.« Wenn sie das Kind anhaucht, ist es immer ihre Liebe, die sie dem Kind leibhaft vermitteln möchte. So ähnlich können wir uns das Anhauchen Jesu vorstellen. Er will uns seine Liebe einhauchen, damit wir sie leibhaft spüren, damit wir sie in jedem Atemzug wahrnehmen.

Die Liebe, so sagt uns das Johannesevangelium, ist die eigentliche Gabe Jesu. Und die Liebe ist identisch mit dem Heiligen Geist. Daher gibt es für Johannes keinen geeigneteren Ort, diese Liebe über uns auszugießen, als das offene Herz.

Als der Soldat am Kreuz die Seite Jesu durchbohrt, da strömen Blut und Wasser heraus. Das ist für Johannes ein Bild für den Heiligen Geist, der über uns allen ausgegossen wird. Und dieser Geist ist die Liebe, die dem Herzen Jesu entströmt. Die Menschen – so hat es Johannes wohl erlebt – sind zu wahrer Liebe kaum fähig. Ihre Liebe ist immer schon vermischt mit Besitzansprüchen, mit gegenseitigen Erwartungen und Forderungen. Johannes versteht den Heiligen Geist als die Liebe, die Jesus uns einhaucht, damit wir unsere verschlossenen Türen aufbrechen (vgl. Joh 20,19) und uns für andere Menschen öffnen. Wir leben oft mit verschlossenen Türen. Wir verschließen uns vor den Menschen. Wir haben Angst, jemanden an uns heranzulassen. Er könnte uns ja verletzen. Wir könnten ja in unserer Liebe wieder enttäuscht werden. Jugendliche sehnen sich danach, einen Freund oder eine Freundin zu lieben. Aber wenn sie in ihrer Liebe enttäuscht werden, verschließen sie sich und bleiben allein mit ihrer Sehnsucht nach Liebe. Der Heilige Geist ist die Verheißung, dass sie sich trauen dürfen, ihre Türen zu öffnen und andere bei sich eintreten zu lassen, um mit ihnen das Geheimnis der Liebe zu erfahren.

Neben der Liebe drückt sich der Heilige Geist in der Vergebung aus. Als Jesus den Jüngern am Osterabend den Heiligen Geist einhaucht, sagt er zu ihnen:

Der Heilige Geist ist die Verheißung, dass Menschen sich trauen dürfen, ihre Türen zu öffnen und andere bei sich eintreten zu lassen, um mit ihnen das Geheimnis der Liebe zu erfahren

»Empfangt den Heiligen Geist! Wem ihr die Sünden vergebt, dem sind sie vergeben.« (Joh 20,22f)

Wenn wir es fertig bringen, einem Menschen zu vergeben, der an uns schuldig geworden ist, dann ist das das Werk des Heiligen Geistes. Ein Diakon aus der Schweiz erzählte mir, dass er in seiner Pfarrei diesen Aspekt des Heiligen Geistes in der Firmvorbereitung auf folgende Weise konkretisiert: Er lädt die Firmlinge mit ihren Eltern, Geschwistern und dem Firmpaten zu einem Bußgottesdienst ein. Nach einer Einführung ruft er dann die Firmlinge auf, sich mit ihrer Familie und ihrem Paten zusammenzustellen. Dann reden sie miteinander, sagen, wofür sie sich entschuldigen möchten, was ihnen Leid tut. Dann legt jeder dem anderen die Hände auf, zuerst der Vater dem Firmling, dann umgekehrt, dann die Mutter dem Firmling und umgekehrt usw. und betet schweigend um Gottes Vergebung. Es ist ein eindrückliches Ritual, das diese Gemeinde feiert. Zunächst hatte der Diakon Bedenken, ob sich die Firmlinge und ihre Angehörigen darauf einlassen würden. Aber jedes Jahr macht er von neuem die Erfahrung, dass dieses Ritual die Beziehungen in der Familie verbessert und die Atmosphäre durch die Erfahrung der gegenseitigen Vergebung reinigt.

Ein anderes Bild des Heiligen Geistes bei Johannes ist das der Quelle. Wer den Geist empfängt, aus dessen Innerem

»werden Ströme von lebendigem Wasser fließen«.
(Joh 7,38)

Der Heilige Geist strömt in uns als eine Quelle, die nie versiegt. Aus ihr trinken wir die Kraft, die Gott uns schenkt. Wer aus dieser Quelle schöpft, der wird niemals erschöpft sein, weil diese Quelle unendlich ist. Die Quelle des Heiligen Geistes will uns befähigen, unser Leben ohne Angst anzupacken und uns auf Aufgaben einzulassen, ohne gleich zu befürchten, dass unsere Kraft nicht ausreicht. Wer aus dieser Quelle trinkt, der hat Lust an seinem Leben und Lust an der Arbeit und seinen Aufgaben. Und er bleibt lebendig und frisch. Er wird nicht von Verbitterung und Enttäuschung, von Ärger oder Angst bestimmt, von Emotionen, die heute den Geist so vieler Menschen eintrüben. Er sieht klar und er hat Lust, diese Klarheit in diese Welt zu bringen. Wer aus der Quelle des Heiligen Geistes lebt, in dem strömt das Leben. Ich erschrecke heute manchmal, wie starr schon junge Menschen sein können. Da fließt keine Lebendigkeit. Da ist keine Phantasie, keine Kreativität, keine Spritzigkeit. Da ist kaum noch Kommuni-

kation. Der Heilige Geist will das Leben in uns zum Fließen bringen.

Ein viertes Bild ist bei Johannes wichtig: Der Heilige Geist ist der Beistand, der uns zur Seite steht. Wir sind nicht allein gelassen in dieser Welt, wenn uns die Eltern verlassen oder wenn wir aus dem Elternhaus ausziehen. Da ist der Heilige Geist, der uns begleitet, der für uns kämpft und für uns eintritt. Und dieser Geist spricht zu uns. Wir sind nicht ohne Unterweisung, wenn wir die Forderungen der Eltern nicht mehr verstehen und uns davon abwenden. Der Geist spricht in unserem Inneren und zeigt uns, was für uns stimmt, was für uns gut ist, was uns zum Leben bringt. Jesus hat den Beistand seinen Jüngern gerade in den Bedrängnissen ihres Lebens versprochen. Leben ist auch Kampf. Das erfahren die Jugendlichen in der Pubertät. Gerade in diesem Kampf sind sie nicht allein gelassen. Da tritt einer für sie ein. Da steht einer neben ihnen und zu ihnen. Da steht einer hinter ihnen und stärkt ihnen den Rücken. Das ist eine Verheißung, die junge Menschen durchaus verstehen können.

Der Heilige Geist bei Lukas

Das Bild des Beistands wird vom Evangelisten Lukas weitergeführt. In der Apostelgeschichte beschreibt er, wie der Heilige Geist als Sturm in die verschüchterte Jüngergemeinde hineinfährt und ihnen Mut macht, hinauszugehen und den Menschen zu verkünden, was Gott ihnen in Jesus Christus getan hat. Der Heilige Geist vertreibt die Angst und erfüllt die Jünger mit Vertrauen. So ist der Heilige Geist vor allem Zutrauen. Er möchte den jungen Menschen Mut machen, zu sich zu stehen, sich etwas zuzutrauen, Selbstvertrauen zu entwickeln. Wer in sich die Kraft des Heiligen Geistes spürt, der hat es nicht nötig, nach außen hin eine Fassade von Selbstsicherheit aufzubauen. Bei vielen jungen Menschen spürt man hinter ihrer coolen Fassade eine große Unsicherheit und ein starkes Minderwertigkeitsgefühl. Der Heilige Geist befreit die Jünger von den Grübeleien, was die anderen wohl über sie denken und ob sie sie wohl verspotten werden. Sie reden einfach, was ihnen der Geist eingibt. Wer aus dem Heiligen Geist lebt, der ist frei vom ständigen Sichvergleichen mit anderen. Er sagt nicht das, was andere von ihm erwarten, sondern er

spricht in »Freimut«. Er sagt frei heraus, was er spürt und denkt. Er lebt aus sich selbst heraus und nicht von der Bestätigung anderer.

Der Heilige Geist wird in der Pfingsterzählung des Lukas durch die Gabe eines neuen Sprechens sichtbar. Die Jünger

»begannen, in fremden Sprachen zu reden, wie es der Geist ihnen eingab«. (Apg 2,4)

Der Heilige Geist befähigt junge Menschen dazu, ihre eigene Sprache zu finden. Das griechische Wort »lalein« meint eigentlich: »Plappern, Plaudern, vertraut Sprechen«. Die Jünger überlegen sich nicht jedes Wort, damit es gut ankommt. Sie sprechen einfach aus sich heraus. Weil sie aus dem Herzen heraus sprechen, berühren ihre Worte die Zuhörer. Der Heilige Geist sollte die Jugendlichen ermutigen, nicht ängstlich nachzuplappern, was alle sagen, was man heute so spricht, sondern voll Vertrauen ihre eigenen Gefühle und Bedürfnisse auszudrücken. Dann werden sie die Erfahrung machen, dass ihre Worte von den Erwachsenen verstanden werden. Die Sprache, die der Heilige Geist schenkt, stiftet Beziehung, sie ermutigt, sie richtet auf. Ich erschrecke manchmal, wenn ich die Sprachlosigkeit bei manchen jungen Menschen erlebe. Andere dagegen können erstaunlich gut ihre Gefühle und ihre Wahrnehmungen ausdrücken. Die Sprache, die aus dem Herzen kommt, ist die Sprache des Heiligen Geistes. Sie berührt auch das Herz anderer und bewegt etwas in ihnen. Die Bibel nennt den Geist, der stumm macht, einen bösen Geist, einen Dämon (vgl. Mk 9,17). Wer für seine innere Wirklichkeit keine Sprache hat, wer seine Leidenschaften und Emotionen nicht aussprechen kann, der wird krank. Er wird – wie Markus von einem jungen Mann erzählt – vom Geist der Stummheit hin-

Die Sprache, die aus dem Herzen kommt, ist die Sprache des Heiligen Geistes. Sie berührt auch das Herz anderer und bewegt etwas in ihnen

und hergezerrt (Mk 9,20). Eine wichtige Aufgabe der Firmvorbereitung wäre daher, im Einzelgespräch oder in der
Gruppe einen Raum zu schaffen, in dem die jungen Menschen
über sich und ihre Gefühle sprechen können. Es ist oft nicht
so leicht, in einer Gruppe, die voller Angst ist und daher nur
über Oberflächliches redet, ein Klima des Vertrauens zu be-
reiten, das die Fessel der Zunge löst, so dass man richtig sprechen kann (vgl. Mk 7,35f).

Wer vom Geist der Stummheit beherrscht ist, der ist auch
stumm, wenn um ihn herum Unrecht geschieht. Er sagt nichts,
wenn neben ihm in der S-Bahn jemand angepöbelt wird. Der
Heilige Geist will uns ermutigen, unsere Stimme zu erheben
für die, die keine Stimme haben, für die zu sprechen, die
sprachlos geworden sind. Es wäre ein wichtiges Übungsfeld
für die Firmvorbereitung, zu überlegen, wo der Einzelne und
wo die Gruppe ihre Stimme erheben soll. Vielleicht spürt die
Gruppe, dass in der Pfarrei manches nicht gut läuft, dass da
Menschen ausgegrenzt werden. Oder wäre es wichtig, in der
Schulklasse die Stimme denen zu leihen, die nie zu Wort kommen, die mundtot gemacht werden? Eine gute Übung wäre
es, sich eine Woche lang vorzunehmen, immer dann, wenn
ein innerer Impuls hochkommt, für jemanden einzutreten,
dann auch den Mund aufzutun und das zu sagen, was man in

sich wahrnimmt. Oft genug halten uns dann irgendwelche Ausreden davon ab, die Worte zu sprechen, die notwendig sind: »Es hat ja doch keinen Zweck. Ich verbrenne mir lieber nicht den Mund. Meine Worte hört sowieso niemand. Ich kann ja nichts bewirken. Ich bekomme nur Ärger.«

Der Geist formt aus der ängstlichen Gemeinde der Jünger die Kirche. Wenn der Geist über die Menschen kommt, dann schafft er Gemeinschaft, dann entsteht Kirche, eine Gemeinschaft von Menschen, die in der Vollmacht Jesu das Gleiche tun, was Jesus auch getan hat. Das wird deutlich, wenn Lukas die Apostel Petrus, Johannes und Paulus die gleichen Heilungswunder wirken lässt wie Jesus und der Diakon Stephanus im Sterben seinen Feinden genauso vergibt wie Jesus. Der Heilige Geist ermöglicht uns, so zu handeln wie Jesus. Wir können genauso wie Jesus auf die Menschen zugehen und sie aufrichten, sie ermutigen und ihnen die Augen öffnen für die eigentliche Wirklichkeit. In der Firmung geht es darum, dass wir mit dem Geist Jesu erfüllt werden, um in dieser Welt Zeugnis für ihn abzulegen, in der Kraft des Geistes Wunder der Heilung und Ermutigung zu wirken und den Ungeist dieser Welt zu entlarven. Das klingt vielleicht wie ein zu hoher Anspruch. Aber immer dann, wenn einer uns von seinen Verletzungen und Kränkungen erzählt und wir einfach nur zuhören, geschieht das Wunder der Heilung. Da geht einer heiler von uns, als er gekommen ist. Der eine heilt mit seinem Humor, ein anderer mit seinem Zuhören, ein dritter, indem er das Problem anpackt und einen konkreten Weg mit dem verletzten Freund geht. Die Firmung möchte uns bewusst machen, dass auch heute durch uns Zeichen und Wunder geschehen. Wir können diese Wunder nicht erzwingen. Aber wir sollten dankbar sein, wenn ein unlösbarer Konflikt sich löst, wenn eine Barriere fällt, wenn Leben sich durchsetzt.

III. DIE GESTALTUNG DER FIRMUNG UND DIE BEDEUTUNG DER RITEN

Credo: »Ich glaube«

Die Firmung wird normalerweise in der Eucharistiefeier gespendet, und zwar nach der Predigt des Bischofs. Der Ritus sieht jedoch vor, dass ein Betreuer der Firmlinge jeden Einzelnen vor der Predigt des Bischofs beim Namen ruft. Und jeder tritt dann einzeln vor den Bischof und nimmt im Chorraum Platz. Gut wäre es, wenn sie oder er – ähnlich wie bei der Priesterweihe – dabei sagen würde: »Ich bin bereit.« Dann würde deutlich, dass es ein aktiver Entschluss ist, sich firmen und vom Heiligen Geist senden zu lassen. Die Firmlinge empfangen ja wie in der Priesterweihe eine Sendung. Ähnlich wie bei der Priesterweihe hält der Bischof seine Ansprache vor allem an die Firmlinge. Nach der Predigt bekennen die Firmlinge ihren Glauben. Es berührt die jungen Menschen wohl kaum, wenn sie nur das Credo nachbeten. Wichtig wäre, dass sie sich vorher über das Glaubensbekenntnis Gedanken gemacht haben. Vielleicht können sie auch selbst ein Credo formulieren. Das würde sie herausfordern, sich Gedanken zu machen, wie sie heute in ihrer Sprache ihren Glauben vor anderen bekennen möchten.

Ein Diakon erzählte mir, dass er jedem Firmling die Aufgabe gegeben hat, den Satz aus dem Credo aufzuschreiben und mit persönlichen Worten zu begründen und umzuformulieren, der ihn am meisten anspricht und aus dem heraus er leben will. Es war für die Jugendlichen eine Herausforderung, ihren Glauben auf dem Hintergrund des vorformulierten Glaubensbekenntnisses in eigenen Worten auszudrücken. Aber was herausgekommen ist, war ein Glaubenszeugnis, das die Gemeinde erstaunt und berührt hat. Viele Erwachsene hatten den Jugendlichen gar nicht zugetraut, dass sie sich ernsthaft Gedanken über ihren Glauben machen.

Das Ausbreiten der Hände

Nach dem Glaubensbekenntnis breitet der Firmspender seine Hände über alle aus und ruft den Heiligen Geist auf die Firmlinge herab. Das Ausbreiten der Hände ist ein altehrwürdiger Gestus. Er bedeutet, dass der Geist Gottes herabkommen und die Menschen beschützen und verwandeln möge. Bei der Wandlung breitet der Priester seine Hände über Brot und Wein aus und ruft den Heiligen Geist herab, dass sie Leib und Blut Christi werden. So ruft der Bischof den Heiligen Geist auf die jungen Menschen herab, dass sie neu geboren werden, dass sie wie in der Eucharistie verwandelt werden, dass sie mit Christi Geist, mit seiner Liebe und seiner Kraft erfüllt werden. Sie sollen durch die Handauflegung zum Brot des Himmels werden, zum Brot für andere, das sie auf ihrem Weg wahrhaft nährt, und zum Wein, der die Herzen der Menschen erfreut.

Bei der Priesterweihe legt der Bischof dem Priester die Hände auf, um ihn in seiner Sendung zu bestärken. Auch für die Firmlinge bedeutet dieser Ritus, dass sie in die Welt hinausgesandt werden, um in der Kraft des Heiligen Geistes

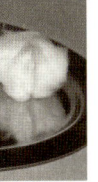

diese Welt zu gestalten und für Christus Zeugnis abzulegen. Das Ausbreiten der Hände bedeutet ferner, dass Gott selbst seine schützende Hand über den jungen Menschen hält und ihn auf seinem Weg begleiten wird. Aber mit dem Ritus des Händeausbreitens wird auch Besitzergreifung ausgedrückt. »Du gehörst mir«, sagt Gott durch diese Gebärde. Wenn ich Gott gehöre, dann heißt das auch, dass ich frei bin, dass ich keinem Menschen gehöre, dass kein Mensch Macht hat über mich, dass kein König oder Kaiser über mich bestimmen kann, sondern nur Gott. Das verleiht ein Gefühl der eigenen Würde. Die jungen Menschen sind nicht dazu da, die Erwartungen ihrer Eltern oder Lehrer oder Freunde zu erfüllen. Sie gehören Gott. Sie sind einmalig. Sie sind frei. Niemand hat Macht über sie. Sie sollen als freie Kinder Gottes in dieser Welt leben, aufrecht, im Bewusstsein ihrer Würde, aufgerichtet durch den Heiligen Geist.

»Du gehörst mir«, sagt Gott. Wenn ich Gott gehöre, dann heißt das auch, dass ich frei bin, dass ich keinem Menschen gehöre, dass kein Mensch Macht hat über mich, nur Gott

Die Handauflegung

Dann tritt jeder Firmling einzeln vor den Bischof, nun begleitet vom Firmpaten. Nachdem der Bischof zuvor über alle seg-
nend seine Hände ausgebreitet hat, legt er nun wie bei der Priesterweihe dem Einzelnen die Hände auf den Kopf und betet still
für ihn. Alles Große geschieht im Schweigen. So wird der Heilige Geist schweigend auf den Einzelnen herabgefleht, damit er
in jedem das bewirkt, was für ihn stimmt. Der Heilige Geist
wird in jedem anders wirken. Das schweigende Gebet um den
Heiligen Geist legt den Einzelnen nicht fest auf ein ganz bestimmtes Verhalten. Jeder bekommt die Gabe des Heiligen Geistes, die er braucht. Jeder empfängt die Kraft, die er braucht, um
sein Leben zu meistern und auf seine persönliche Weise in dieser Welt Zeugnis abzulegen für das Leben, für Christus, den

»Anführer des Lebens«. (Apg 3,15)

Die schweigende Handauflegung ist ein intensiver Ritus, der
jeden beeindruckt, der sich darauf einlässt. Der Firmling kann
sich dabei vorstellen, dass der Heilige Geist ihn persönlich

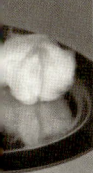

meint, dass er ihn, so wie er ist, mit seinen Schwächen und
Stärken, mit seinen Eigenheiten und Besonderheiten an-
nimmt. Der Heilige Geist strömt durch die Hände des Bischofs
in den Leib des Firmlings. Er durchdringt ihn mit seiner Kraft.
Er erfüllt ihn mit seiner Liebe. Er durchleuchtet die dunklen
Kammern seines Lebenshauses. Er heilt seine Wunden. Er verwandelt alles, was in ihm ist.

Die Salbung mit Chrisam

Nach der Handauflegung und dem schweigenden Gebet salbt der Bischof den jungen Menschen mit Chrisam, indem er dabei spricht:

> *»N.N., sei besiegelt durch die Gabe Gottes, den Heiligen Geist.«*

Die Salbung mit Chrisam ist im Firmritus mit »Besiegeln« umschrieben. Das ist ein biblischer Ausdruck. Im Epheserbrief heißt es:

> *»Durch ihn habt ihr das Siegel des verheißenen Heiligen Geistes empfangen, als ihr den Glauben annahmt. Der Geist ist der erste Anteil des Erbes, das wir erhalten sollen, der Erlösung, durch die wir Gottes Eigentum werden, zum Lob seiner Herrlichkeit.« (Eph 1,13f)*

In der Antike wurden bei Griechen und Römern Menschen mit einem Brandsiegel versehen, um zu zeigen, dass sie Got-

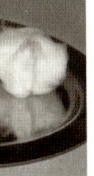

tes Eigentum wurden und unter seinem Schutz standen. Auch die Juden kannten das Siegel als Schutzzeichen. In einem alten jüdischen Text ist die Rede davon, dass die, die das Siegel der Beschneidung tragen, sich nicht vor den bösen Geistern fürchten und stark sind wie ein Mann, dessen Schwert um seine Hüften gegürtet ist. Die frühen Christen kannten das Siegel des Kreuzes. Manche tätowierten sich das Kreuzzeichen auf die Stirn, um zu bekennen, dass sie Gott gehörten und dass kein Mensch mehr Macht über sie hatte. So ist das Siegel des Heiligen Geistes in der Firmung ein Zeichen, dass der Firmling nicht mehr den Eltern gehört, sondern Gott und dass Gott ihn durch das Siegel des Heiligen Geistes stärkt, den Lebenskampf zu bestehen. Wer besiegelt ist mit dem Heiligen Geist, der braucht sich nicht mehr zu fürchten vor den Gefährdungen des Lebens, vor dem Ungeist, der ihn oft genug umgeben wird, vor den inneren Blockaden, die ihn vom Leben abhalten möchten.

Der Firmling wird mit Chrisam gesalbt. Chrisam besteht aus Olivenöl und Balsam. Mit Olivenöl werden Speisen gewürzt. Öl heilt Wunden. Der barmherzige Samariter goss Öl und Wein in die Wunden des Mannes, der unter die Räuber gefallen war. In der Antike salbte der Sportler seine Glieder mit Öl. Dadurch wurde sein Leib geschmeidiger, zu höheren Leistungen fähig. All

Wer besiegelt ist mit dem Heiligen Geist, der braucht sich nicht mehr zu fürchten vor den Gefährdungen des Lebens, vor dem Ungeist, der ihn oft genug umgeben wird, vor den inneren Blockaden, die ihn vom Leben abhalten möchten

diese Bedeutungen spielen auch bei der Firmung eine Rolle. Da bekommt das Leben durch den Heiligen Geist einen neuen Geschmack, da werden die Verletzungen der Lebensgeschichte geheilt, da wird der Jugendliche für den Lebenskampf gesalbt, damit er mit neuer Kraft und neuem Elan in den Kampf zieht, um zu siegen. Das Öl ist mit Balsam vermischt. Balsam besteht aus den wohlriechenden Harzen verschiedener Pflanzen. Balsam machte das Öl in der Antike zu einem Kosmetikum. Erst durch Balsam wird das Öl zum »Chrisam«, ein Wort, das an

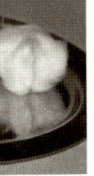

Christus erinnert. Das Chrisam soll den Duft der Liebe Christi vermitteln, den jungen Menschen mit dem Wohlgeruch Christi erfüllen, ihm etwas von seiner liebenden Ausstrahlung schenken. Die Riten können ihre Wirkung nur dann in ihrer Fülle entfalten, wenn sie auch gedeutet werden. Daher wäre es wichtig, sich über diese zentralen Riten der Firmung auszutauschen und sie so zu erklären, dass sich die Jugendlichen darauf freuen und sie intensiv erleben können.

Der Pate

Bei der Handauflegung und Salbung durch den Bischof steht der Firmling nicht allein. Der Firmpate steht hinter ihm und legt ihm die rechte Hand auf die Schulter. Der Firmpate gehört wesentlich zum Firmritual. Für die Jugendlichen ist es gut, zu wissen, dass da ein Erwachsener zu ihnen steht und ihnen beisteht. Im Firmpaten wird der Heilige Geist als Beistand sichtbar. Der Pate stärkt dem Firmling das Rückgrat, damit er zu sich stehen kann. Er hält ihm den Rücken frei, damit er das Leben wage. Zur Aufgabe des Paten gehört es, dem Firmling die rechte Hand auf die Schulter zu legen. Die Schulter ist ein Kraftzentrum. Von der Schulter aus schleudert der Krieger den Speer. Jemandem die kalte Schulter zeigen heißt: sich abgrenzen. Indem der Pate dem Firmling die Hand auf die Schulter legt, vermittelt er ihm: »Es ist gut, dass du da bist. Du hast Kraft. Du meisterst dein Leben. Steh zu dir! Gehe deinen Weg!« Zugleich drückt er mit der Handauflegung aus, dass die Kraft, die in ihm steckt und oft genug nicht ausreicht, von der Kraft des Heiligen Geistes durchdrungen wird, dass

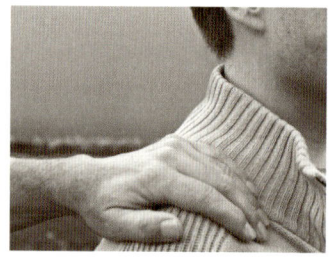

der Heilige Geist ihm den Rücken stärkt, damit er die nächsten Schritte aufrecht und voll Vertrauen gehen kann.

In manchen Gemeinden tritt nicht nur der Pate mit dem Firmling heraus, sondern auch seine Eltern, Geschwister und Freunde. Sie alle legen dann dem Firmling die Hände auf die Schulter oder sie bilden eine Menschentraube, indem einer dem anderen die Hände auf die Schulter legt. Dadurch kommt zum Ausdruck, dass der Firmling nicht allein ist, dass es viele gibt, die ihm den Rücken freihalten, die mit ihm durchs Leben gehen, auf die er zählen kann. Er wird in der Firmung aufgenommen in den Kreis der Erwachsenen, in den Kreis von Menschen, die die Schritte zur Mündigkeit bereits gegangen sind, die ihm bevorstehen. Und er ist aufgenommen in eine Gemeinschaft von glaubenden Menschen, die bereit sind, ihren Glauben mit ihm

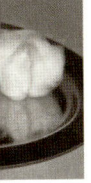

zu teilen und ihn auf seinem Glaubensweg zu begleiten. In den Menschen, die seinen Weg mit ihm gehen, kann er immer wieder die stärkende Kraft des Heiligen Geistes erfahren, gerade dann, wenn er selbst mutlos und verlassen ist.

Der Friedensgruß

Nach der Salbung mit Chrisam gibt der Bischof dem Firmling den Friedensgruß. Er wird als gleichwertiges Mitglied in der Kirche begrüßt und umarmt. Der Friedensgruß geschieht meistens als Umarmung. Früher gab es beim Friedensgruß den etwas rätselhaften »Backenstreich«, die sogenannte »alapa«. Er wurde so gedeutet, dass der Firmling jetzt durch den Heiligen Geist gestärkt sei und nicht mehr erröten solle, wenn er den Namen Christi bekennt. Eine andere Erklärung bezieht sich auf die Szene, in der der heilige Benedikt einen Mönch durch einen Backenstreich von einem bösen Geist befreit. Der Backenstreich sollte dann zeigen, dass er keine Angst mehr zu haben brauche vor bösen Geistern, vor Ungeistern, vor unbekannten Kräften in seinem Innern. Die Kraft des Heiligen Geistes ist stärker als aller Ungeist, der auf ihn einströmen möchte. Andere erklären den Backenstreich als

Die Kraft des Heiligen Geistes ist stärker als aller Ungeist, der auf den Menschen einströmen möchte

Ritterweihe oder als Mündigkeitserklärung. Die vielen Erklärungen zeigen schon, dass der Ritus oft genug Anlass für Missverständnisse war. Aus diesem Grund hat ihn das Konzil abgeschafft.

Manche Riten müssen erst absterben, damit sie neu entdeckt werden. Man kann den Ritus heute sicher nicht einfach wieder so vollziehen wie vor dem Konzil. Das wäre nicht vermittelbar. Aber vielleicht könnte der Sinn dieses alten Ritus dadurch zum Ausdruck kommen, dass der Bischof den jungen Mann oder die junge Frau nicht nur ganz zaghaft umarmt, sondern ihn/sie fest an den Schultern packt und ihm/ihr die Kraft des Heiligen Geistes zusagt. Damit vermittelt er den jungen Menschen, dass sie nun erwachsen sind, dass sie Kraft haben und dass er ihnen etwas zutraut. Manchmal wird der Friedensgruß nur angedeutet. Dann erscheint er wie ein leeres Ritual, das nichts bewirkt. Im Friedensgruß soll ausgedrückt werden, dass der andere ganz und gar angenommen ist, willkommen in der Gemeinschaft der Kirche, ernst genommen in seiner Einmaligkeit, wahrgenommen als Mann oder Frau.

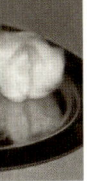

Die Fürbitten

Mit dem Friedensgruß schließt der eigentliche Firmritus. Als Antwort auf den Empfang des Sakraments tragen die Firmlinge dann ihre Fürbitten vor. Hier hätten die Jugendlichen Raum für Kreativität. Hier könnten sie zeigen, dass sie den Sinn der Firmung verstanden haben. Es gibt verschiedene Möglichkeiten, die Fürbitten zu gestalten. Ein Weg wäre, wenn die Jugendlichen in ihrer Sprache ihre Sorgen und Sehnsüchte in Bezug auf Welt und Kirche zum Ausdruck brächte. Das kann in Worten geschehen oder indem man Symbole sucht, die die Träume der Jugendlichen sichtbar werden lassen. Die könnte man dann der Gemeinde zeigen, erklären und vor den Altar legen als Hoffnungszeichen, dass durch die Firmung die Gemeinde und die Gesellschaft verwandelt werden. Eine andere Möglichkeit wäre, dass jeder der Firmlinge vor der Gemeinde sagen würde, was er als seine Sendung versteht und mit was für einer Aufgabe er konkrete Verantwortung übernehmen möchte. Dadurch wäre die Sendung des Einzelnen öffentlich. Er würde sich für eine bestimmte Zeit festlegen, etwas Konkretes zu tun. Und vielleicht könnte das Zeugnis

der Jugendlichen in der Gemeinde Kreise ziehen und andere zur Nachahmung anstecken.

Der Ort der Fürbitten wäre auch dafür geeignet, dass die Gefirmten sich bei der Gemeinde für das bedanken, was sie in und mit ihr erlebt haben, dass sie aber auch ihre Wünsche

an die Gemeinde formulieren und ihr den Beitrag anbieten, den sie für das Leben der Gemeinde einbringen möchten. Ein anderes schönes Ritual wäre es, wenn jeder Firmling auf einen Menschen in der Gemeinde zuginge, entweder auf seine Eltern oder auf einen, den er bewusst für sich aussucht, und ihm das Kreuz auf die Stirn zeichnen würde. Er könnte das Kreuzzeichen schweigend vollziehen oder aber mit einem persönlichen Segenswunsch oder einer Formel, die man sich vorher schon überlegt hat, etwa: »Ich bezeichne dich mit dem Zeichen des Kreuzes. Du gehörst Gott. Es ist gut, dass es dich gibt. Lebe in der Freiheit des Heiligen Geistes!« Da die Firmung nicht sehr viele Rituale beinhaltet, wäre es eine gute Gelegenheit, neue Rituale zwischen Gefirmten und der Gemeinde zu schaffen. Rituale geben uns die Möglichkeit, Gefühle auszudrücken, die wir sonst verstecken, und eine neue Qualität von Beziehung zu schaffen. Man muss erst eine Hemmschwelle überschreiten,

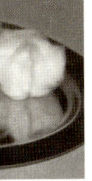

um sich auf ein solches Ritual einzulassen. Aber wer den Mut hat, der wird belohnt durch eine tiefe Erfahrung. An solche Erfahrungen werden sich die jungen Menschen noch lange erinnern.

Nach dem Firmritus wird die Eucharistiefeier mit der Gabenbereitung fortgesetzt. Hier sollten die neu Gefirmten die Gaben der Gemeinde zum Altar tragen. So wie sie durch den Heiligen Geist verwandelt worden sind, sollen nun auch die Gaben verwandelt werden. Im Brot tragen die Jungen und Mädchen die Mühen und Arbeiten der Gemeinde vor Gott, aber auch die Zerrissenheit und die Sehnsucht nach Einheit. Und im Kelch tragen sie die Not und die Freude der Welt zum Altar, damit der Geist sie verwandle. Es ist wichtig, diesen einfachen Ritus gut einzuüben, damit die Jugendlichen die Hostienschalen und Kelche ganz langsam und bewusst zum Altar tragen, stellvertretend für die Gemeinde. Dann können sie erahnen, dass in der Eucharistie die Fortsetzung der Firmung geschieht, dass die Gaben, die sie bringen, in göttliche Gaben verwandelt werden, die die Menschen nähren und stärken auf ihrem Weg.

IV. AUS DER
FIRMUNG LEBEN

Aus der Firmung leben

Viele Erwachsene können sich noch an ihre Firmung erinnern. Aber wenn ich an meine eigene Firmung denke, so war
das kein so nachhaltiges Erlebnis, dass davon mein Leben ge-
prägt wurde. So wird es vermutlich den meisten gehen. Ich
kann also nicht aus der Erinnerung an meine Firmung leben.
Aber ich kann aus der Wirklichkeit meiner Firmung mein Le-

ben neu sehen und gestalten. Ich mache mir dann
bewusst, dass ich gesalbt bin mit dem Heiligen
Geist, dass der Geist in mir ist. Leben aus der Firmung ist für mich identisch mit dem Leben aus
dem Geist. Aber was heißt das: Aus dem Geist Gottes leben?

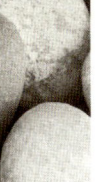

Leben aus der Freiheit des Geistes

Paulus hat in seinen Briefen an vielen Stellen beschrieben, was es heißt, aus dem Geist zu leben und nicht aus dem Fleisch. Aus dem Fleisch leben, das bedeutet für ihn, von den Maßstäben dieser Welt her leben, aus dem Druck heraus leben, Erfolg und Anerkennung haben zu müssen. Die wichtigste Erfahrung, die die aus dem Geist Lebenden machen, ist für Paulus die Freiheit:

> *»Jetzt gibt es keine Verurteilung mehr für die, welche in Christus Jesus sind. Denn das Gesetz des Geistes und des Lebens in Christus Jesus hat dich frei gemacht vom Gesetz der Sünde und des Todes.« (Röm 8,1f)*

Der Heilige Geist befreit uns vom Verhaftetsein in den alten Mustern unserer Psyche, in die wir immer wieder hineinfallen. Wir fühlen in uns immer wieder die gleichen Lebensmuster und Mechanismen: Auf die Menschen, die uns verletzen, reagieren wir mit Hass und Wut. Wir lassen uns von andern die

Spielregeln für unser Verhalten aufdrängen. Sobald Konflikte auftreten, suchen wir die Schuld bei uns. Solche Lebensmuster nennt Paulus das Gesetz der Sünde und des Todes. Sie führen dazu, dass wir unser Leben verfehlen. Sünde heißt ja: Am Ziel vorbeischießen, verfehlen. Und sie bedeuten für uns Tod. Sie halten uns vom wirklichen Leben ab. Sich vom Geist leiten zu lassen, das macht innerlich frei. Das war wohl die intensivste Erfahrung, die Paulus in der Begegnung mit Jesus Christus gemacht hat:

»Der Herr aber ist Geist, und wo der Geist des Herrn wirkt, da ist Freiheit.« (2 Kor 3,17)

Die Freiheit, die uns der Geist schenkt, zeigt sich für Paulus vor allem darin, dass wir nicht mehr Sklaven sind, sondern freie Söhne und Töchter Gottes.

»Alle, die sich vom Geist Gottes leiten lassen, sind Söhne Gottes. Denn ihr habt nicht einen Geist empfangen, der euch zu Sklaven macht, so dass ihr euch immer noch fürchten müsstet, sondern ihr habt den Geist empfangen, der euch zu Söhnen macht, den Geist, in dem wir rufen: Abba, Vater!« (Röm 8,15)

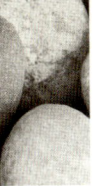

Paulus versteht die Menschen, die sich nach anderen ausrichten müssen, die ständig in der Furcht leben, es anderen nicht recht machen zu können, als Sklaven, als Knechte. Der Christ ist nach Paulus der freie Mensch. Er kann aufrecht durch das Leben gehen. Er hat eine unantastbare Würde. Er muss sich seinen Wert nicht durch Leistung erkaufen und sein Beliebtsein nicht durch Angepasstsein bewirken. Wer ständig die Erwartungen anderer erfüllen muss, um sich überhaupt als Mensch fühlen zu können, der ist Sklave. Er gibt anderen Macht über sich. Wer aus dem Geist lebt, der gibt dem anderen keine Macht mehr. Der Geist, der in uns ist, befreit uns von der Macht derer, die uns ein schlechtes Gewissen einimpfen wollen, die uns von sich abhängig machen, die uns unterdrücken und uns in ihr Bild von uns pressen möchten.

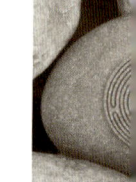

Leben aus der Kraft des Geistes

Wie wir aus der Kraft des Geistes leben können, zeigt uns Lukas in der Apostelgeschichte. Ich möchte nur eine kurze Stelle aus der Apostelgeschichte auslegen, um zu zeigen, wie das Leben aus der »dynamis«, aus der Kraft des Heiligen Geistes für uns konkret aussehen könnte. Die Jünger beten in der Apostelgeschichte:

»Gib deinen Knechten die Kraft, mit allem Freimut dein Wort zu verkünden. Streck deine Hand aus, damit Heilungen und Zeichen und Wunder geschehen durch den Namen deines heiligen Knechts Jesus. Als sie gebetet hatten, bebte der Ort, an dem sie versammelt waren, und alle wurden mit dem Heiligen Geist erfüllt, und sie verkündeten freimütig das Wort Gottes.« (Apg 4,29–31)

Die Kraft des Geistes zeigt sich für die Jünger darin, dass sie mit allem Freimut das Wort Gottes verkünden. Das griechische Wort für Freimut heißt »parresia«. Parresia ist die Redefreiheit, der Mut, in Freiheit das zu sagen, was ich in

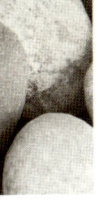

meinem Herzen spüre. Wir richten uns in unserem Reden oft nach den Erwartungen der anderen. Wir sprechen nicht das aus, was in uns ist, sondern was den anderen gefällt, was uns beliebt macht, was uns ins rechte Licht rückt. Daher geht von unseren Worten keine Kraft mehr aus. Unsere Worte bewirken nichts, sie passen sich nur an. Aus der Kraft des Geistes leben würde heißen, in Freiheit das zu sagen, was wir in unserem Herzen fühlen und was uns Gott eingibt, ohne falsche Rücksicht auf die Meinung der anderen.

Die Kraft des Geistes zeigt sich für Lukas in Heilungen, Zeichen und Wundern. Die Kraft des Geistes ist in uns. Auch durch uns kann Heilung geschehen. Doch wir sind entweder zu bescheiden und trauen uns gar nichts zu, oder aber wir fühlen uns als die großen Heiler und Helfer und meinen, wir könnten aus eigener Kraft die Wunden anderer heilen. Aus der Kraft des Geistes leben heißt, dass wir durchlässig werden für den Heiligen Geist. Wenn ich in ein Gespräch mit einem Ratsuchenden gehe, dann muss ich mich nicht unter Druck setzen, jetzt besonders kluge Ratschläge zu geben oder mit meiner Intelligenz die Probleme des anderen zu lösen. Ich höre mir den anderen an und traue dem Geist, der mir eingibt, wie ich reagieren und was ich sagen soll. Das entlastet mich von meinem Leistungsdruck. Und das führt dazu, dass ich immer wieder Wunder der Heilung bestaunen kann. Da geht der andere mit neuer Zuversicht und Hoffnung von mir. Nicht ich habe das bewirkt, sondern die Kraft des Geistes, die durch mich wirkt. Die Erinnerung an die Firmung will uns ermutigen, dem Wirken des Geistes in uns Raum zu geben. Es geschehen auch heute mehr Zeichen und Wunder, als wir glauben: Wenn eine Begegnung gelingt, wenn da auf einmal das Herz berührt wird, wenn der Trauernde von einem, der ihm beisteht, Trost erfährt, wenn der, der sich selbst verletzt und verachtet, seine Würde entdeckt und sich an seinem Leben wieder freuen kann. Dabei wirkt der Geist Gottes nicht nur durch unsere Stärken, sondern ebenso durch unsere Schwächen. Selbst wenn ich mich in einem Gespräch ratlos und ohnmächtig fühle, kann der Geist Gottes durch mich wirken, wenn ich mich ihm hinhalte und zur Verfügung stelle. Das entlastet mich vom Leistungsdruck. Das Einzige, das ich tun muss, ist, durchlässig zu sein für den Heiligen Geist.

Für die Jünger wurde die Kraft des Geistes erfahrbar, als der Ort, an dem sie versammelt waren, bebte. (Apg 4,31) Das griechische Wort »Saleuo« heißt nicht nur »beben, erschüttern, schütteln«, sondern auch »in Schwingung geraten« oder »in Schwingung versetzen«. Die Kraft des Heiligen Geistes kann auch uns manchmal in Schwingung versetzen, wenn in

Die Kraft des Heiligen Geistes kann auch uns manchmal in Schwingung versetzen, wenn in einem Gottesdienst auf einmal eine ganz dichte Atmosphäre herrscht, wenn da plötzlich bei allen die gleiche Schwingung spürbar ist

einem Gottesdienst auf einmal eine ganz dichte Atmosphäre herrscht, wenn da plötzlich bei allen die gleiche Schwingung spürbar ist. Von so einer gemeinsamen Schwingung geht eine große Kraft aus. Manchmal erleben wir diese Schwingung auch, wenn wir gemeinsam schweigen. Doch eine solche Schwingung lässt sich nicht durch unseren Willen erzeugen. Sie wird uns geschenkt. Wenn sie da ist, spüren wir, dass wir gemeinsam eine Kraft in uns haben, diese Welt zu gestalten und etwas in dieser Welt zu bewegen. Wenn der Geist uns in Schwingung versetzt, dann geraten auch in uns die alten Strukturmuster unserer Seele in Bewegung. Dann bricht manche Erstarrung auf und neues Leben entsteht. Wir werden durcheinandergeschüttelt, wachgerüttelt. Wir entdecken, dass wir uns nur an der Oberfläche unseres Lebens eingerichtet haben.

Die Schwingung, die der Heilige Geist in uns bewirkt, bringt uns mit der eigenen Tiefe in Berührung. Und wir spüren, dass diese Schwingung auch andere erreicht. Auf einmal bewegt sich etwas in uns und zwischen uns. Und wir bewegen etwas in dieser Welt. Leben aus der Kraft des Geistes heißt für mich, dass ich mich immer wieder vom Heiligen Geist in Schwingung versetzen lasse, dass ich dem Geist Gottes zutraue, dass er mich mit seiner Kraft erfüllt und mich zu wirksamem Tun bewegt.

Leben aus den Gaben des Heiligen Geistes

Paulus spricht im 1. Korintherbrief von den vielen Gaben des Heiligen Geistes. Jeder Mensch hat eine andere Gabe. Aber es ist immer der gleiche Geist, der uns diese Gaben schenkt.

»Dem einen wird vom Geist die Gabe geschenkt, Weisheit mitzuteilen, dem andern durch den gleichen Geist die Gabe, Erkenntnis zu vermitteln, dem dritten im gleichen Geist Glaubenskraft, einem andern – immer in dem einen Geist – die Gabe, Krankheiten zu heilen, einem andern Wunderkräfte,

einem andern prophetisches Reden, einem andern die Fähig-
keit, Geister zu unterscheiden, wieder einem andern ver-
schiedene Arten von Zungenrede, einem andern schließlich
die Gabe, sie zu deuten.« (1 Kor 12,8–10)

Die Tradition hat im Anschluss an Paulus und an die Verheißung des Geistes in Jesaja 11,2f sieben Gaben des Heiligen Geistes gesehen: Den Geist der Weisheit, der Einsicht, des Rates, der
Erkenntnis, der Stärke, der Gottesfurcht und der Frömmig-
keit. Sieben ist immer die Zahl der Verwandlung, die Irdisches
in Göttliches verwandelt. Diese sieben Gaben beschreiben den
Menschen, der aus dem Heiligen Geist heraus lebt. Es ist ein
Mensch, der durchblickt, der die Wirklichkeit so sieht, wie sie
ist, der die inneren Zusammenhänge seines eigenen Lebens
und des Kosmos versteht, der auch die Fähigkeit hat, andere
Menschen zu verstehen und ihnen zu raten, ihnen einen Weg
zu weisen, der für sie stimmt. Es ist ein Mensch voller Weisheit, der das Geheimnis allen Seins erfahren, geschmeckt,
gekostet hat. Und es ist ein Mensch, der aus Gott lebt, der immer mit Gott rechnet und auf Gott bezogen ist in all seinem
Denken und Tun.

Jeder Mensch hat seine eigene Gabe. Was meine persönliche Gabe ist, das erkenne ich, wenn ich meine Lebens-

geschichte anschaue. Meine Wunden können auch zu Gaben werden. Sie machen mich sensibel für andere. Meine Stärken können mir meine Gaben aufzeigen. Der eine kann gut zuhören, der andere übernimmt selbst die Initiative, er hat Ideen, ist kreativ, bringt etwas in Bewegung. Der andere trägt etwas durch, er ist treu, auf ihn kann man sich verlassen. Einer spricht Konflikte an, bis sie gelöst sind. Ein anderer ist fähig, die streitenden Parteien zu versöhnen und Gespaltenes zu verbinden.

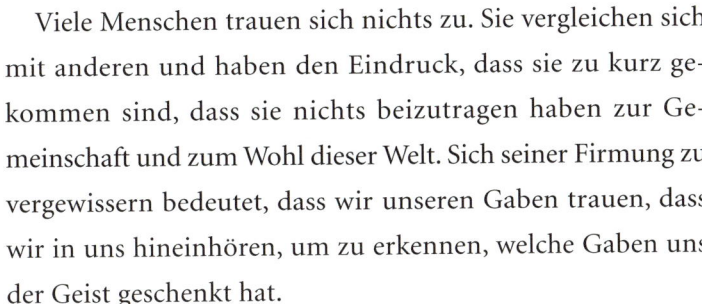

Viele Menschen trauen sich nichts zu. Sie vergleichen sich mit anderen und haben den Eindruck, dass sie zu kurz gekommen sind, dass sie nichts beizutragen haben zur Gemeinschaft und zum Wohl dieser Welt. Sich seiner Firmung zu vergewissern bedeutet, dass wir unseren Gaben trauen, dass wir in uns hineinhören, um zu erkennen, welche Gaben uns der Geist geschenkt hat.

In manchen Gemeinschaften ist es Brauch, dass sie an Pfingsten eine Gabe des Heiligen Geistes ziehen. Mit dieser Gabe versuchen sie dann, ein Jahr lang zu leben. Bei einem Gottesdienst reichten wir nach der Kommunion einen Korb herum, in den wir Zettel mit je einer Geistesgabe gelegt hatten. Jeder Teilnehmer durfte sich einen Zettel nehmen und sollte dann über die Gabe nachdenken, die ihm da zugefallen war. Das hat in den Teilnehmern viel ausgelöst. Viele waren sehr betroffen und berührt, dass sie ausgerechnet diese Gabe gezogen hatten. Da hat ein Mann die Gabe des Heilens genommen. Sie war für ihn eine Herausforderung, vertrauensvoller mit der Depression seiner Frau umzugehen. Eine Frau, die sich nicht viel zutraute, bekam die Gabe des Leitens. Nach anfänglichem Zögern – spürte sie, das sie die ungelösten Konflikte in ihrer Verwandtschaft aktiver angehen sollte. Wir dürfen darauf vertrauen, dass es immer der Heilige Geist ist, der

Jeder Mensch hat seine eigene Gabe. Was meine persönliche Gabe ist, das erkenne ich, wenn ich meine Lebensgeschichte anschaue

uns gerade diese Gabe zutraut. Sie wird uns mit neuen Fähigkeiten und Möglichkeiten in Berührung bringen. Und wir werden nach einem Jahr dankbar zurückblicken auf das, was der Geist in uns bewirkt hat.

Dem Geist folgen

Für Paulus heißt Leben aus dem Geist, sich nach den Forderungen des Geistes auszurichten. Er schreibt in seinem Brief an die Galater:

> *»Wenn wir aus dem Geist leben, dann wollen wir dem Geist auch folgen. Wir wollen nicht prahlen, nicht miteinander streiten und einander nichts nachtragen.« (Gal 5,25f)*

Leben aus dem Geist hat also Folgen für unser Verhalten. Es ist eine Herausforderung, neue Verhaltensweisen einzuüben. Paulus spricht von den Früchten des Heiligen Geistes. Sie sind auf der einen Seite Geschenke des Geistes an uns, zum anderen aber auch Herausforderungen, sich durch die Kraft des Geistes in diese Haltungen einzuüben:

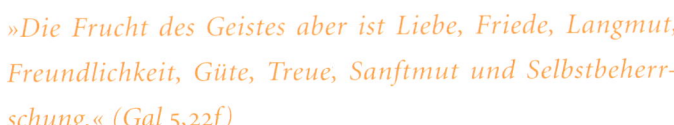

»Die Frucht des Geistes aber ist Liebe, Friede, Langmut, Freundlichkeit, Güte, Treue, Sanftmut und Selbstbeherrschung.« (Gal 5,22f)

Diese Früchte stellen ein wichtiges Kriterium dafür dar, ob ich aus dem Geist Gottes lebe. Sie zeigen mir an, wo sich in mein Leben der Ungeist eingeschlichen hat. Sogar mein religiöses Leben kann vom Ungeist der Angst und Enge, der Härte und Selbstgerechtigkeit verfälscht werden. Es braucht einen langen Weg der Verwandlung, bis ich mit meiner ganzen Existenz wirklich Liebe, Freundlichkeit, Güte und Sanftmut ausstrahle.

Der Heilige Geist ist eine Herausforderung, an mir zu arbeiten. Denn es braucht eine gesunde Askese, um Selbstbeherrschung zu erreichen, um das Gefühl zu haben, dass ich selber lebe, anstatt von meinen Leidenschaften und Bedürfnissen gelebt zu werden. Selbstbeherrschung heißt auch, die Verantwortung für mein Leben zu übernehmen. Die Firmung ist die Initiation in das Erwachsenwerden. Die Erinnerung an die Firmung will mich davor bewahren, in infantile Haltungen zurückzufallen und die anderen für meine Probleme verantwortlich zu machen. Sie fordert mich heraus, selber zu leben, anstatt mich als Opfer meiner Erziehung oder der gesellschaftlichen Verhältnisse zu fühlen.

Um in den Geist Jesu hineinzuwachsen, der sich in den oben genannten Früchten des Geistes ausdrückt, brauche ich die tägliche Meditation. Für mich ist das Jesusgebet ein wichtiger Weg geworden, mich in die Haltung Jesu einzuüben. Ich versuche, in meinen Ärger, in meine Unruhe, in meine Härte, in mein Verurteilen das Wort hineinzusprechen: »Herr Jesus Christus, Sohn Gottes, erbarme dich meiner!« Dann darf ich oft erfahren, dass sich mein Ungeist läutert, dass ich et-

was von der Barmherzigkeit und Liebe Jesu in mir spüre. Das Jesusgebet, mit dem Atem verbunden, verwandelt meine Gleichgültigkeit in Liebe, meine Zerrissenheit in Frieden, meine Ungeduld in Langmut, meine Bitterkeit in Freundlichkeit, meine Härte in Güte, meine Treulosigkeit in Treue.

Ich muss diese Haltungen nicht mit eigener Anstrengung erarbeiten. Wenn ich den Geist Gottes durch die Meditation in meine Gefühle und Leidenschaften einfließen lasse, verwandelt er meine Seele. Sie wird fähig, diese Haltungen und Tugenden zu leben. Aber ich weiß auch, dass ich immer in der Spannung zwischen Geist und Ungeist lebe, dass ich immer wieder auch vom Geist dieser Welt bestimmt werde. Die Erinnerung an die Firmung gibt mir das Vertrauen,

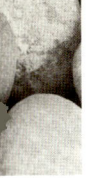

dass der Geist stärker ist als der Ungeist. Ich bin nicht einfach meiner Vergangenheit ausgeliefert. Ich bin nicht dazu verdammt, die Verletzungen meiner Kindheit zu wiederholen. Der Geist kann mich verwandeln. Ich muss mich ihm nur immer wieder aussetzen und meine unerlösten Anteile hinhalten, damit er mich durchdringen und verwandeln kann.

Erinnerung an die Firmung

Es gibt verschiedene Rituale, die uns immer wieder an die Wirklichkeit unserer Firmung erinnern. Die meisten wissen vermutlich nicht mehr, an welchem Tag sie gefirmt worden sind. Daher können sie ihren Firmtag auch nicht begehen. Wer darum weiß, könnte an seinem Firmtag eine Kerze entzünden, um das Feuer des Geistes in sich neu zu entfachen. Für uns alle ist das Pfingstfest immer wieder Anlass, daran zu denken, dass wir gefirmt sind und aus der Wirklichkeit des Geistes heraus leben wollen. Wenn wir das Pfingstfest als Erinnerung an die eigene Firmung feiern, dann wäre es ein gutes Pfingstritual, eine Gabe des Heiligen Geistes zu ziehen. Wir könnten das im Kreis der Familie tun. Dann bekäme das Pfingstfest ein eigenes Gepräge. Bei vielen geht Pfingsten ja spurlos vorüber, weil das Fest kaum Familienrituale kennt wie Weihnachten oder Ostern. Eine andere Möglichkeit wäre, dass am Schluss des Gemeindegottesdienstes jeder aus einem dargereichten Korb einen Zettel mit einer Geistesgabe nehmen kann. Diese Gabe sollte uns dann bis zum nächsten Pfingstfest begleiten. Wir könnten ausprobieren, was sie an uns bewirkt, wie sie unsere Blickrichtung verändert und wie sie uns mit Haltungen in Berührung bringt, die wir bisher vernachlässigt haben.

Ein Ritual, mich an die Wirklichkeit des Heiligen Geistes zu erinnern, besteht für mich darin, mich in den Wind zu stellen. Je nachdem, wie stark der Wind ist, stelle ich mir vor, dass der Geist Gottes alles Verstaubte aus mir herausbläst, dass er

den abgestandenen Geist leerer Unterhaltung und entleerter Umgangsformen heraustreibt und mich erfrischt oder aber dass er mich zärtlich streichelt und mir etwas von seiner Liebe vermittelt. Auch bewusstes Atmen kann mich den Heiligen Geist erfahren lassen. Wenn ich bewusst in meinem Atem bin, stelle ich mir vor, dass ich nicht nur Luft atme, sondern dass im Atem der Heilige Geist in mich eindringt und mich mit seiner Liebe erfüllt.

Augustinus war überzeugt, dass wir mit dem Atem den Heiligen Geist einatmen, wie er es in seinem berühmten Gebet zum Ausdruck brachte:

»Atme in mir, du Heiliger Geist, dass ich Heiliges denke.«

Der bewusste Atem bringt mich in Berührung mit mir selbst. Ich bin bei mir. Aber in diesem Bei-mir-Sein erahne ich zugleich, dass Gottes Geist in mir ist, dass in mir eine andere Kraft ist.

Ein anderes Ritual ist für mich, mich bewusst in die Sonne zu stellen und die Sonnenstrahlen durch den ganzen Leib dringen zu lassen. Der Heilige Geist ist Feuer, Glut, die mich wärmt. Ich bin nicht ausgebrannt, sondern in mir ist eine Glut, die in mir immer wieder die Flamme der Liebe entfacht. Geistliches Leben heißt für den bekannten spirituellen Autor Henry Nouwen, das innere Feuer zu hüten, den Heiligen Geist als Glut in uns zu bewahren. Mir hilft dabei die Gebärde, dass ich die Hände über meiner Brust verschränke und mir vorstelle, dass in mir das Feuer des Geistes brennt und mich mit göttlicher Liebe durchdringt.

Der Heilige Geist ist vor allem im Johannesevangelium die Quelle, die in uns strömt. Wenn ich mich an einen Bach oder Fluss setze und einfach nur auf das strömende Wasser schaue, dann erahne ich, dass in mir eine Quelle fließt, die nie versiegt. Der Heilige Geist erfrischt mich immer wieder und macht mich lebendig. Er reinigt das Trübe in mir und lässt mein Inneres wieder klar und lauter werden. Er ist in mir strömendes Wasser, das alles mit sich reißt, was sich in den Weg stellt, das die Blockaden auflöst, das Erstarrte wieder zum Fließen bringt. Fließendes Wasser relativiert alles, woran ich mich festklammere. Vor allem aber erahne ich, dass in mir eine Quelle strömt, die unerschöpflich ist, weil sie göttlich ist. Wenn ich in Berührung bin mit dieser Quelle des Heiligen Geistes, dann kann ich viel arbeiten, ohne erschöpft zu werden. Die Arbeit fließt aus mir heraus. Sie macht mir Spaß. Ich muss mich nicht beweisen.

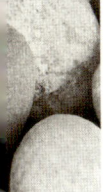

Aus der Firmung leben heißt für mich, die Wirklichkeit des Heiligen Geistes ernst zu nehmen. Wenn ich mir bei allem, was ich tue, immer wieder bewusst mache, dass da auch der Heilige Geist in mir ist, in meinem Atem, in meinem Denken, in meinem Sprechen, in meinem Handeln, dann befreit mich das von dem Leistungsdruck, alles selber machen zu müssen.

Und es gibt mir das Gefühl, dass ich aus einer anderen Wirklichkeit heraus lebe. Ich bin nicht allein im Prozess meiner Selbstwerdung. Ich muss den Kampf meines Lebens nicht alleine bestehen. Ich muss meine Probleme nicht alle aufarbeiten.

Ich muss meine Traurigkeit nicht aus eigener Kraft überwinden. Es ist nicht ein endloser Kampf, bis ich die negativen Emotionen in mir besiege. Vielmehr streitet in mir der Geist Gottes. Der löst nicht alle Probleme. Der löst auch meine Depression nicht einfach auf.

Aber wenn ich mich in meiner Depression an den Geist Gottes in mir erinnere, dann ist das wie eine Bresche, die er in die Mauer meiner Depression schlägt. Sie hat mich nicht mehr im Griff. Ich fixiere mich nicht mehr auf sie. Sie darf sein, genauso wie meine Verletzungen und Wunden. Ich muss sie nicht alle aufarbeiten. Aber ich weiß, dass da der Heilige Geist in mir strömt, der diese Wunden verwandeln kann. Wenn ich diesem Geist in mir traue, mitten in meiner psychischen Labilität, dann starre ich nicht ängstlich auf meine Psyche, sondern dann vertraue ich, dass Gottes Geist mich durch alle Klippen dieses Lebens führen wird.

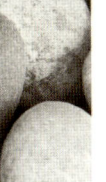

Der Glaube an den Heiligen Geist, der mir in der Firmung unwiderruflich zugesagt wurde, mit dem ich gesalbt und versiegelt wurde, schenkt mir das Vertrauen und die Gewissheit, dass mein Leben gelingen wird. Es wird nicht unbedingt den Erwartungen meiner Umwelt entsprechen und auch nicht den Maßstäben dieser Welt. Aber es wird gelingen. Denn der Geist Gottes ist

»Anteil des Erbes, das wir erhalten sollen« (Eph 1,14),

er ist Verheißung, dass ich als Gottes Eigentum nicht mehr aus seiner guten und schützenden Hand herausfallen werde, bis ich für immer das Lob seiner Herrlichkeit singe (vgl. Eph 1,14).

SCHLUSSGEDANKEN

Die Kreativität, mit der viele Gemeinden die Jugendlichen auf die Firmung vorbereiten, spiegelt etwas wider vom Wesen dieses Sakraments. Da wir in der Firmung mit dem Heiligen Geist gesalbt werden, ist es nur folgerichtig, dass der Geist auch schon bei der Vorbereitung der Firmlinge am Werk ist. Die Erfahrung zeigt, dass es nicht den einzig richtigen Weg gibt, junge Menschen auf die Firmung vorzubereiten. Entscheidend ist, dass sich sowohl die Jugendlichen als auch die Seelsorger und Seelsorgerinnen bei der Vorbereitung vom Geist Gottes leiten lassen und mit Phantasie und Kreativität ans Werk gehen. Dann wird das Firmsakrament nicht spurlos an den jungen Menschen vorübergehen. Es wird sie berühren und sie befähigen, auf andere Weise zu leben, erwachsener und mündiger, mutiger und kreativer, verantwortungsvoller und im Bewusstsein einer eigenen Sendung.

Wer schon gefirmt ist, tut gut daran, sich immer wieder an die eigene Firmung zu erinnern oder das Wesen dieses Sakraments zu bedenken, damit er heute aus der Kraft des Heiligen Geistes zu leben vermag. Wer dem Geist Gottes in seinem Leben Raum gibt, der wird erfahren, wie der Geist ihn befruchtet, ihn in die Lebendigkeit führt und ihm die wahre Freiheit schenkt. Das wichtigste Kennzeichen des Geistes ist die Freiheit. Und die tut uns allen heute bitter Not, da wir uns von vielen Abhängigkeiten bestimmt wissen. Unsere Firmung will uns immer wieder von neuem an den Satz des heiligen Paulus erinnern:

»Der Herr aber ist der Geist, und wo der Geist des Herrn wirkt, da ist Freiheit.« (2 Kor 3,17)

Literatur

Günter Biemer, Symbole des Glaubens leben. Symbole des Lebens glauben. Sakramentenkatechese als Lernprozess, Ostfildern 1999.

Pascal Bruckner, Ich leide, also bin ich. Die Krankheit der Moderne. Eine Streitschrift, Weinheim 1996.

Burkhard Menke, An Grenzen des Lebens und Glaubens wachsen. Neue Wege der Firmkatechese, in: Christ in der Gegenwart Nr. 12/2000, S. 94.

Karl Natiesta, Katechetik des Firm-Sakramentes. Diplomarbeit, Wien 1995.

Henry Nouwen, Feuer, das von innen brennt, Freiburg 1981.

Theodor Schnitzler, Was die Sakramente bedeuten. Hilfen zu einer neuen Erfahrung, Freiburg 1982.

Bildnachweis

Anselm Grün

Die Trauung –
Segen für das gemeinsame Leben

64 Seiten, gebunden
ISBN 978-3-87868-147-2

Pater Anselm gibt neue Impulse, wie das Sakrament der Ehe
zum Segen für das gemeinsame Leben wird.

Ein Buch für Brautleute und Trauzeugen und für alle,
die wieder einen Zugang zum Sakrament der Ehe suchen.

Anselm Grün

Die Beichte –
Feier der Versöhnung

64 Seiten, gebunden
ISBN 978-3-87868-171-7

Pater Anselm versteht das Beichtgespräch als einen konkreten Weg, sich mit sich selbst und seinen Mitmenschen auszusöhnen.

Ein Buch für alle, die sich dem alten Ritual wieder annähern möchten.